EPISTRE

OV DISCOVRS

A MONSIEVR DE

MONTPENSIER, TOVCHANT
l'estat de la Religion Chrestienne, &
mauuaise intention pour laquelle
plusieurs s'en sont separez.

Par Charles Chocquart, Aduocat en
la Court de Parlement.

AVEC

*Les raisons qui les doiuent esmouuoir d'abiurer
& renoncer tant à la Secte Lutherienne
que Caluiniste & autres here-
sies de ce temps.*

A PARIS,

Chez Nicolas Chesneau, rue S. Iaques,
à l'enseigne de l'escu de Froben,
& du Chesne verd.

1571

AVEC PRIVILEGE.

A MONSEIGNEVR

LOYS DE BOVRBON,

Duc de Montpensier, Char-
les Chocquart, Salut
& felicité.

MONSEIGNEVR,
Combien que ie soye as-
seuré de vostre foy, & de
voste constance en icelle,
toutesfois il vous plaira
ne prendre en mauuaise part, si ie vous es-
crits & discours, de ceux qui se desuoyent
& delaissent ce qui a esté inuiolablement
gardé & obserué depuis long temps : plus
pour estre veuz apporter quelque chose de

A ij

nouueau que pour grandes raiſons qu'ils
ayent, encores qu'ils pallient & colorent
leur dire au poſsible. Ce que i'en fay, eſt non
pour vous confirmer, car voſtre foy aſſeu-
ree & bon iugement, vous donnent aſſez de fermeté: mais pour exalter la gran-
deur de voſtre vertu, de vous eſtre touſiours
louablement & dignement contenu en la
ſaincte religion de voz predeceſſeurs, &
ſagement preſerué des laqs que preparent à
vn chacun, ceux qui la veulent ruiner &
abbatre. Et ſera s'il vous plaiſt, pour donner commencement aux ſeruices que i'ay
affection de vous faire, eſtimant que ce me
ſera vn grand bien, ſi ce vous eſt choſe ag-
greable, me reputant au reſte le plus hum-
ble de voz ſeruiteurs, au nombre deſquels
ie vous ſupplie me tenir.

MONSEIGNEVR,
L'eſtat des choſes humai-
nes eſt tel & ſi peu aſſeuré,
qu'il ne reçoit aucun changement qui ne ſoit cauſe de grands
troubles:dõt le plus ſouuent les Roy-
aumes,autrement floriſſans,ſont per-
duz & ruinez,ſans le repos qui eſt par
ce moyen oſté aux particuliers . C'eſt
la cauſe pourquoy les anciẽs ont def-
fendu de ne rien innouer ny changer
de ce qui auoit touſiours eſté tenu &
gardé ſans contredit: diſant meſmes,
que de toutes choſes anciennement
ordõnees & inſtituees , la raiſon ne ſe
peult touſiours rendre:mais que d'vn
commun accord & conſentement il
les fault enſuyure , ſans ſ'en enquerir
par trop. Car les hõmes ſont ſi curieux de nouueauté, que rien ne leur
plaiſt,ſinõ ce qui eſt cõtraire aux cho

chõſe dan
gereuſe de
innouer et
chãger l'an
tiquité.

A iij

ſes anciẽnes. Et ne s'eſtudiroiẽt iamais aux nouuelles, s'ils ne penſoyent paſſer en ſageſſe & bon ſens les anciens: le ſçauoir & iugement deſquels a eſté tel, que nous n'auõs rien auiourd'huy que nous ne tenions d'eulx. Pluſieurs & pluſieurs choſes ſe font de iour en iour auec grande induſtrie & artifice: mais quand tout ſera bien conſideré, l'on trouuera, que tout cela n'eſt que vne imitation de l'antiquité, ou bien l'antiquité ornee de la couleur d'vne ſubtile inuention, qui ne ſe pourroit ſouſtenir ny ſubſiſter ſans l'appuy des choſes anciennes, ſus leſquelles elles ont eſté priſes. De fait, nous voyõs ordinairement ce qui eſt de nouueau inuenté, s'il n'a ce fondemẽt, eſtre delaiſſé incontinẽt apres, que le deſir de ceux qui appettẽt & affectent choſes nouuelles, eſt ſatisfaict. Quelque cho

ſe que nous faciõs, quelque peine que
nous mettions à deffendre la nouueauté, ſi eſt-ce que touſiours l'antiquité eſt repriſe & reuerée. Nous pou
uons bien penſer que les anciens (n'e-
ſtãs point ſubiets à legereté, qui tient
& poſſede la plus grand' part de ceux
de ce ſiecle) ont faict ce à quoy ils ſe
ſont addonnez & diligemment eſtu-
diez, en telle ſorte, que ce qui eſt venu
d'eux, n'a pas beſoin de la correction
de leurs ſucceſſeurs, ſinon en ce que
le temps demande autre police, & autre maniere de faire: comme il eſt cer-
tain que le changement du temps, re-
iette quelquefois ce qui eſtoit au parauant neceſſaire. Encores en tel cas
nous enſuyuons les anciẽs, & eſt impoſſible qu'en ce que nous faiſons, ſi
c'eſt quelque choſe bien faicte, ne re-
luyſe l'exemple de noz predeceſſeurs:

L'antiqui-
té touſiours
reuerée.

ſoit à bien dire, ſoit à bien eſcrire, ſoit à faire quelque choſe louable, l'imitation des anciens nous eſt comme vne reigle certaine de bien faire, & ce qui eſt & doit eſtre le plus eſtimé, eſt ce qui ſe reſent & approche le plus de l'ancienneté.

Puis que ainſi eſt, & que la verité en ce qui ſe voit tous les iours ſ'en preſente à noz yeux, Il eſt bien à croire, qu'autant en eſt il de l'honneſteté de leur vie, laquelle tant ſ'en fault que la noſtre puiſſe obſcurcir, que les vices qui ont ſus nous plus de commandement que ſus eulx, nous en recullent ſi loïg, que nous ne la ſçauriös iamais paſſer. Car les hommes ſont à preſent tant curieux, & ont vne ſi grande amour & eſtime d'eulx meſmes, que la ſimplicité anciéne ne ſçauroit plus auoir de lieu : qui rend la vie de ceulx

qui

qui s'en esloignent, sans aucune fain-
cteté & sans aucũ bon exẽple. Pleuſt
à Dieu que les hommes fuſſent tels,
qu'ils eſtimaſſent eſtre vertu d'imiter
en hõneſteté & actes genereux leurs
anceſtres, & que noz œuures n'euſ-
ſent autre but que celuy-la, apres
l'honneur & la crainte de celuy, à l'o-
beiſſance duquel nous nous deuons
tous ſoubzmettre, ce qui ſe feroit par
ce moyen à noſtre ſalut, pluſtoſt que
pour trauailler noz entendemens à
chercher choſes nouuelles : qui n'eſt
autre choſe ſinon vouloir euiter le
blaſme de ne pouuoir bien viure, &
ſelon les loix & preud'hõmie des anciens, par inuention du contraire.

Dequoy faict bonne preuue la nou-
uellement libre maniere de viure des
nouueaux dogmatiſans. S'ilz appor-
toyent quelque choſe de meilleur,

B

qui rendiſt leur vie plus honneſte &
moins reprochable, s'ils ſe pouuoyẽt
mieulx garentir des affections & paſ-
ſions humaines,que les anciens n'ont
faict:& ſi leur deſiſtement de la religion ancienne les ſanctifioit plus que
les autres,il y auroit apparẽce en leur
dire.Mais en ce qu'ils font , apparoiſt
ſeulement vne liberté de tout faire à
leur plaiſir, qui a tant de pouuoir ſus
leur conſcience, que toute amour de
vertu refroidie & reiettee, ils penſent
ce ſeulement eſtre bon, qui leur vient
en opinion , & qui eſt conforme &
reſpond à ce qu'ils deſirent, & ſe pro-
poſent en leur eſprit. La correction
doit eſtre meilleure que la choſe cor-
rigée:mais on ne voit point qu'ils viuent plus ſainctement , & qu'il y ayt
en eulx plus grande loyauté, que en
ceulx qui ſe tiennẽt religieuſement à

la doctrine qu'ils ont receu des anciens : la vie desquels n'est point par eulx debatue, & la confessent auoir esté bonne & honneste. Ils les reprennent seulement de l'ignorance des cõmandements de Dieu : ne pouuant nier que la simplicité & deuotiõ leur ayt esté sus toutes choses recõmãdee. Ils se donneront & attribueront tant qu'il leur plaira la vraye cognoissance de l'Euangile, & penseront s'ils veulent, que Dieu la leur ayt reseruee, & se diront (si bõ leur semble, comme il y en a qui se dient) enfans de Dieu, & vaisseau d'election : mais ceste cognoissance pretendue est inutile, & infructueuse, puisque ils ne sont plus honnestes, ny plus charitables, ny mieux viuans que les autres. Si quelqu'vn n'est des leurs, & se contient en la garde & exercice de l'ancienne

Quelz sont tenus le Catholiques par ceux de la nouuelle religion.

B ij

doctrine, l'eſtime qu'ils en ont, eſt la reputation d'vn homme de peu ou de nul iugement, & qui a les yeux bédez à la cognoiſſance de la verité. Quant à eux, ils croyent la vraye foy auoir en eux eſleu ſon domicile, apres auoir eſté par eux mis en lumiere, & tiree hors des tenebres, ou ils diét l'ignorance des anciens l'auoir enſeuelie. De doctrine & de bon entendement ils en cófeſſent aſſez aux autres, la religion exceptee. Auſſi ne peuuét ils faire autrement par ce qu'on les voit auſſi bien ſortir d'vne bône affaire que eux : mais pour ce ſeulement qu'ils ne veulent receuoir leur doctrine, il les reputent & croyét eſtre ſans eſprit, & ſans iugement: ſ'ils frappent, ſ'ils tuent, ſ'ils iniurient, ils ont touſiours quelque excuſe fardee. Et de leur part, à les ouyr, ils ont touſiours

bien faict, bien dict: là où si les autres
faisoyent & disoyēt le mieux du mō-
de, ce ne seroit rien enuers eulx, tāt ils
ont l'esprit preuenu & preoccupé de
presumption & amour de eulx mesmes, qu'ils s'efforcent de couurir de
paroles emmiellees & attrayantes.
Qui y vouldra bien prendre garde,
on verra que leur doctrine ne rēd pas
leur vie plus syncere : Car se conten-
tans & se glorifians au nom de fidele,
qu'ils se donnent, ils laissent à part les
œuures de la Foy. De ceulx la, aucuns
se treuuent luxurieux, autres vsuriers,
plusieurs polluz d'homicide, & infinis
remplis de rancune & enuie, & au-
theurs de seditiō, lesquels voyans leur
doctrine ne pouuoir de soy prendre
cours, & estre sans force, ils la veulēt
auancer par glaiue & commotion po
pulaire, voulant tout mettre à sac, &

*Quels sont
commu-
nement
ceux qui s[e]
glorifiēt d[u]
nom de fi-
dele.*

B iij

auoir le gouuernemēt de toutes choſes. Au cōmencement ils ont marché
auec vne ſimplicité exterieure : A ceſte heure, que le deſir de nouueauté
(commun à toutes perſonnes) les a
fortifiez, ils ne veulēt vſer que de force & vengeāce, qui eſt māquer & fail-
lir au deuoir d'vn bon & fidele Chre-
ſtien, quels ils ſe maintiennent & con
tendēt eſtre par vſurpation du nō, que
leur vie leur denie. Ie n'ignore pas que
les vices des hōmes ne doiuent eſtre
cauſe de l'improbation d'vne religiō,
ou d'vne loy , quelle quelle ſoit &
ſçay bien que la mechanceté de tout
temps a voulu apparoiſtre, mais ie
veulx dire que en leur nouuelle correction, & nouueau deſiſtement de la
religion ancienne , ne reſplendiſt ſi
grande ſainĉteté qu'ils ſ'attribuent: de
maniere qu'ils ne ſe doiuent tant affe

ter à publier leur doctrine,& esteindre celle qui contient ceux qui la suyuent en la crainte de Dieu , & amour de leur prochain.

Aucuns y en a qui viuent sobremēt & simplemēt,& qui seroyēt biē marris d'auoir faict tort à autruy : mais le nōbre en est fort petit : & si n'est leur nouuelle doctrine qui leur apporte ceste modestie , mais vn bon naturel qui est en eux (que la liberté, ou la pl⁹ grand part d'eux s'achemine) n'a sceu encores vaincre ny preualoir, ce empeschãt la grace de Dieu,qui encores leur assiste. Et quãd ils se seroyent arrestez à leur premiere religion, c'est chose asseuree q̃ ils auroyēt meilleur sentimēt de Dieu:estãs telles gẽs plus susceptibles de mauuaise cōceptions & desirs voluptueux,que ceux qui se dontent au ioug des ceremonies de l'Egliſe. Quand on y regardera bien, on cognoiſtra, que de leur coſté il eſt plus ſorty de Libertins & Athees, que de la religion ancienne : laquelle delaiſſee faict voie à vne lubricité & abandon à tout vice: apres que l'appetit des choſes nouuelles eſt paſſé, le cueur des hômes croiſt naturellemét aux choſes prohibees & deffendues. Et ne faut doubter que ſi ce qu'ils demandét eſt receu, & ſil eſt permis de viure à leur mode: la liberté de la ſuiure n'en apporte & engédre bien toſt grand contemnement, comme il y en a pluſieurs qui ſ'en retirent de iour en iour, & reprennent & embraſſent ce qu'ils auoyent laiſſé de peur de tóber en la liberté : qui eſt l'effect, non par eux confeſſé, mais de tous cogneu de leurs œuures, & de leurs propos.

On voit aſſez que tout ce qu'ils diét n'eſt

n'est qu'vne resurrection & resuscita-
tion d'opinions condemnees par plusieurs, & plusieurs, Conciles. Et de là
peult on veoir, que leur doctrine n'est
pas si solide ny si certaine qu'ils diét,
qu'entr'eux il n'y a point d'accord:
l'vn tenant d'vn, & l'autre d'autre. L'o-
pinion de Luther & de Melancthon,
touchant l'Eucharistie, est contraire à
celle de Caluin, qui ne conuiét point
auec Castalion du liberal Arbitre, &
de la predestination : ny Seruet, de la
Trinité auec toute l'Eglise Chrestienne. Ainsi ils sont diuisez par la plus
grande contrarieté qu'il est possible.
Chacun en son endroict se pretend
annoncer la verité: & apres eux vien-
dra quelqu'vn, qui y adioustera, & se
maintiendra entendre la verité plus
parfaictement que les autres. Toutes
ces contrarietez, repugnantes à l'v-

C

nion & accord qui a eſté en l'Egliſe
depuis douze cens ans, portent ſuffi-
ſant teſmoignage de l'indiſcretion de
ceux qui les cherchent, delaiſſant vne
religion d'vn perpetuel accord entre
ceux qui la tiennent.

En ce ſont ils ſemblables, que leurs
lãgues & leurs plumes ſont plus char
gees & remplies d'iniures & paroles
deshõneſtes, que de contrepoiſon au
mal qu'ils diét accõpagner la religiõ
ancienne, blaſmant ceux qui ne leur
reſſemblent, d'idolatrie, de peu de iugemét, d'aueuglement, ignorãce im-
poſture, auarice & capharderie, cõme
ſils eſtoiét l'outrepaſſe de toute ſciẽ-
ce, & de toute ſainĉteté, ſe mocquans
le plus ſouuent de gens qui n'ont l'eſprit ſi ſubtil ny ſi leger, mais qui ont
la conſcience plus nette qu'eux.

Des lieux de la S. eſcriture tellemét

quellement entenduz, ils ont allega-
tion prompte, & penſent ſous ce pre-
texte faire trouuer leur cauſe meilleure. Car choſe tant contraire au cõ-
mun & accouſtumé vſage, ſans quelque fard, ne ſeroit iamais ouïe : mais
ce ne ſont que recherches curieuſes,
d'autant plus approchátes de liberté,
qu'elle ſont eſloignees de l'humilité
qui a touſiours accõpagné les anciés.
Et prénent les choſes ſi mal, & ſe laiſ-
ſent ſi toſt aller, que apres auoir paſſé
quelques temps en leurs opinions, ils
cõmencent à ſ'eſbráſler, & douter de
la foy, ayãt par trop grande haſtiueté
ſuiuy ce, qui leur ſembloit bon de pri-
me face, ſans le ſauourer & digerer a-
uec maturité de iugemẽt. Et aduient
de là, le plus ſouuent (comme les cho
ſes violentes & vehemétes ne ſont de
duree) qu'à la fin ils laſchét la bride à

C ij

la crainte de Dieu, qui les guidoit au parauant à tous actes bons & honne-ſtes, de ſorte qu'ils ſe plongent en la meſcognoiſſance de Dieu, qui les re-duict à malheur & perdition, là où ils ſe promettoyent infallible aſſeuran-ce de leur ſalut. De là n'aiſſent tant de troubles, tãt de tromperies: de là pré-nent accroiſſement les vices, auſquels le naturel de l'homme preſte pluſtoſt obeiſſance, qu'à la vertu. Cela eſt la ſource & origine d'infinies guerres ciuiles. Cela eſt le foment & nourri-ture de tant de conſpirations, tantoſt contre le prince, & les gens de ſon cõ-ſeil, tantoſt contre ceux qui leur ſont aduerſaires en leur effrenee & dere-glee liberté. Leurs paroles ſont ornees d'vn doux & poly langage, qui attire ceux qui ſont peu caults, & peu aduer-tis de leur peſtiléte eloquéce, dõt plu-

sieurs (autremét doctes) ont esté relle-
mét abusez q̃ leur mort qui est ensui-
uie, tesmoigne assez de leur surprise,
se laissant conduire au supplice pour
chose dont le contraire est confirmé
par les escrits, & par la preud'hom-
mie de noz maieurs.

Dangereuse & merueilleuse seroit
la consequence de leur diré, si elle e-
stoit veritable, que noz ancestres ont
mal & directement fait contre l'Euã-
gile, car c'est leur attribuer le merite
de damnation eternelle & le deny de
la gloire celeste. Mais trois & quatre
fois malheureux sont ceux qui trou-
blent par leurs nouuelles doctrines
les choses qui sont en estat bon & trã-
quile. Que l'on regarde bien, & que
l'on aduise à ce qui s'est faict depuis
ceste nouuelle secte, on trouuera que
l'estat politique qui estoit paisible &

C iij

en repos, eſt auiourd'huy agité des vents impetueux de ſedition & mutinerie. On trouuera que la Foy & cóſcience des hómes, qui eſtoit grande, eſt tellement amoindrie, que pour le preſent l'vn ne s'addonne qu'à tromper & ſeduire l'autre. On trouuera la volupté auoir tellement eſtendu ſes aiſles, & tellement chaſtouillé les hómes par ſes apaſts & delices, que la continence dechaſſee, ils ſe ſont rendus ſes ſugects, ſe tournant à honneur & triomphe, quand quelcun luy dedie le plus deuotement ſa vie, dont le trophee eſt vne fin poure & malheureuſe. En ſomme, il eſt impoſſible que le changement de ce qui a eſté lóguement tenu, n'apporte grands & dangereux inconueniens, & que celuy qui ſ'en ſoubſtraict & retire, n'en ſente toſt ou tard, vne pernicieuſe & dágereuſe conſequence.

Ils diét que les ceremonies de ſi lõg téps gardées, ſont à ceux qui y adhe-rent, cauſe de damnation, & en font ſi grandes exclamations, qu'à les ouyr il ſemble l'ire de Dieu eſtre deſia tour-nee ſus eulx, & qu'ils ſont deſia de-cheuz & forcloz de la iouiſſance de la vie eternelle. Mais ils deuroyent con-ſiderer, que de toute anciéneté il y en a eu, & eſt beſoing qu'il y en ayt, pour cõtenir le peuple en ſon deuoir, & en la crainte de Dieu : car l'homme de ſa nature, ſe donne aſſez de liberté, & ne eſtoyent les ceremonies, nous entre-rions en vne confuſion de toutes cho ſes, & ne vouldrions rien réſpecter, & de rien ne ferions compte, ſinon de ce qui nous viendroit à plaiſir. Quoy voyant les anciens, ils ont introduict les ceremonies, l'abolition deſquelles eſt le but de leur profeſſion, & quelques fois par trop obſtinèment l'occaſion de la fin de leur vie.

Qui dóne euidemment à entendre, qu'ils ne ſ'arreſtent qu'à l'eſcorce, car eſtãs d'acord des douze articles de la foy, & que noſtre ſalut depend de Ieſus Chriſt, faiſant des ceremonies ſi grande inſtance & ſi grande exclamation: il eſt notoire qu'ils le font pour vn deſir de nouueauté, & qu'ils ſ'arreſtent plus à l'acceſſoire, que au principal. Ce ſeroit mieux faiƈ de contredire à ceux qui nyent la deité de Ieſus Chriſt, à fin d'eſtendré & propager la religion Chreſtienne: mais à faire cóme ils fót, c'eſt la vouloir deſtruire & ruiner. Il ſé eſt trouué & ſ'en trouueroit encores, qui feroyét plus de difficulté d'édurer la mort pour la paſſion de Ieſus Chriſt, que pour maintenir

que

que c'est chose damnable de se mettre à genoux deuãt vn image : & voit
on telles gẽs merueilleusemẽt froids
aux œuures du Christianisme. En pre
mier lieu quant à la charité, il est cer-
tain qu'ils la font commencer & finir
en eux mesmes, destournant l'effect
d'icelle bien loing de leur prochain.
De luxure & auarice on voit aussi,
que ces deux vices leur sõt familiers,
& plusieurs autres qu'ils detestẽt par
leurs propos seulement, dõt leur de-
sistement de la religion ancienne est
grand' abondance, & par maniere de
dire, comme vne cornucopie. Leurs
œuures estant telles, leur vie tant des-
honneste & tant contraire à leurs paroles, & leurs propos tant desguisez,
il appert que c'est à tort qu'ils dient
leur doctrine estre l'ancienne renou-
uellee : car c'est plustost la pureté &

L'œuure
& vie des
nouueaux
Chrestiens
les desmẽt.

D

ſainſteté des anciés changee en nouuelle, & non iamais ouye liberté, pal-
liee du nom, mais autrement fort eſ-
loignee de Dieu, qui eſt plus en leur
bouche, qu'il n'eſt engraué en leur
cœur.

La conſtance qu'ils ont au ſupplice
pourroit gaigner ceux qui les penſe-
roient eſtre inſpirez du ſainſt eſprit,
comme ils ſe penſent & dient eſtre.
Et de vray c'eſt grand' choſe, abandõ-
ner ſa femme, ſes enfans, & tous les
biens du monde pour ſouffrir & en-
courir mort cruelle & ignominieuſe.
Mais il faut croire, que l'opiniaſtreté,
à laquelle ils voüent toutes leurs pé-
ſees & conceptions, en ce leur com-
mande plus qu'autre choſe quelcon-
que. Ce qui eſt aduenu à pluſieurs
Romains, qui ont ſouillé leurs mains
de leur propre ſang, conduicts ou par

deſeſpoir, ou par ſe trop deſplaire de
viure : ce qu'ils ſe tournoyent à louã-
ge de magnanimité, comme font auiourd'huy pluſieurs penſans immor-
taliſer leur nom, & auoir apres leur
mort la gloire, d'auoir eſté martyri-
ſez. Mais à dire la vérité, ce martyre
n'eſt q̃ vn teſmoinage de leur inflexi-
ble obſtination, ioint qu'ils ſçauent la
brieueté de la vie humaine, laq̃lle ils
paſſeroyent en obſcurité & tenebres,
ſ'ils n'en aduãçoyent la fin pour mou
rir en la clairté du feu, & par ce moyẽ
rendre leur nom glorieux. Il n'eſt ny
vray, ny vray-ſemblable, q̃ Dieu ayt
voulu que la verité de l'Euangile fuſt
incogneuë iuſq̃s à preſẽt, & qu'il l'ayt
pluſtoſt voulu cõmuniquer à ceux de
ce ſiecle, qui ſont plus vitieux que les
hõmes n'õt iamais eſté, q̃ aux anciẽs,
qui ont mis toute leur eſtude à viure

D ij

ſimplement & ſainctemét craignants
le iugemét de Dieu ſus toutes choſes.
C'eſt vne gráde abſurdité,ou pluſtoſt
erreur de dire que la verité ayt eſté ſi
long temps endormie, & depuis ſi
peu de temps eſueillee par gens qui
ne viuent point mieux que les autres.
Car nous ſommes chreſtiés, & celuy
entend la verité, qui cognoiſt, & qui
met ſa fiance en Ieſus Chriſt:de ſorte
que de dire,qu'ils entendent la verité,
& qu'ils ſont inſpirez du ſainct eſprit,
ce ſont mots faſtueux & ſuperbes,
pour gaigner ceux qui prennent plaiſir à les ouïr, & ne tend leur nouuelle
verité, & cognoiſſance de l'euangile,
qu'à ſubuertir & renuerſer les ceremonies de l'egliſe, qui ſont toutesfois neceſſaires.

De dire qu'il y a des abuz,on le ſçait
bié:& n'y a perſonne qui ne ſoit d'ad-

uis qu'ils doiuét estre reformez: mais
pour cela, il ne fault destruire vne religion si long temps gardee. Les abuz
reformez, on verra que les choses ont
esté sainctemét & deuotement insti-
tuees. Ils demandent instamment vne
reformatió generale, & pleust à Dieu
qu'elle fust desia faite: mais il leur sem
ble qu'il suffist de la demander, sans
eux-mesmes se reformer en leur endroict. Quand ils reformeront parti-
culierement leur conscience, & quãd
ils viurót auec la deuotion & simplicité requise en vn Chrestien, la refor-
mation generale sera bien aduancee:
mais ce n'est pas leur but, estans bien
aises d'auoir tousiours quelques cho
ses à reprendre: faisant ce pédant tout
à leur appetit, sans se soucier, s'il y en a
qui s'en offensent, ou non: de façon
qu'ó ne voit autre chose que tuer hó-

mes & abbatre images, qui eſt choſe fort ſcandaleuſe. Car le ſigne & repreſentation ne ſçauroit eſtre contemné ſans le meſpris & irreuerence de la choſe ſignifiee repreſentee.

Ie deplore grãdement la condition calamiteuſe de ce temps : Car iamais on ne veit les ſubiects plus deſobeiſſans aux princes. Ils veulent prendre cognoiſſance de cauſe, & ne receurõt rien de leur prince, qui ne leur vienne à gré. Iamais on ne veit les enfans tãt deſobeiſſans aux peres, & ny eut iamais entre le mary & la fẽme tel diſcord, qu'il y a auiourd'huy pour la religion, en maniere, que pour ceſte fardee nouueauté, l'ordre & eſtat de toutes choſes eſt peruerty, tout eſtãt renuerſé deſſus deſſoubs. Toutes choſes vont en diminution de iour en iour, la vie des hommes a les ſiecles paſſez,

esté plus longue, la force plus grãde,
la dispositiõ des corps humains moïs
subiette aux maladies. Qui me faict
estimer que ceste alteratiõ & diminu
tion de toutes choses, ne rend l'esprit
de l'homme meilleur ny plus grand,
pour mieux cognoistre & mieux en-
tédre, que les anciẽs, mais qu'il en est
participant. Car ie ne voy point que
leur vie soit plus saincte, ce que opere
roit l'inspiratiõ du sainct esprit, s'il e-
stoit aux noũueaux interpretes de l'E
uangile, comme ils presument. Par-
quoy, reiettãt les nouuelles opinions
touchant la religion Chrestienne : Il
fault suyure ce que les anciens nous
ont baillé de main en main, qui les a
contenuz en l'honneur & crainte de
Dieu, lequel ie supplie, Monseigneur,
vous donner en santé & longue vie,
la grace de continuer & prosperer en

ce que vous auez iuſques à preſent
vertueuſement maintenu & gardé.

FIN.

www.ingramcontent.com/pod-product-compliance
Lightning Source LLC
Chambersburg PA
CBHW071433030726
47594CB00006B/2708